Impressum
Verlag: BABADADA GmbH, Nedderfeld 112 , 22529 Hamburg
Geschäftsführer / Verlagsleitung: Harald Hof
Druck: Books on Demand GmbH, In de Tarpen 42, 22848 Norderstedt

Imprint
Publisher: BABADADA GmbH, Nedderfeld 112 , 22529 Hamburg, Germany
Managing Director / Publishing direction: Harald Hof
Print: Books on Demand GmbH, In de Tarpen 42, 22848 Norderstedt

学校

el colegio

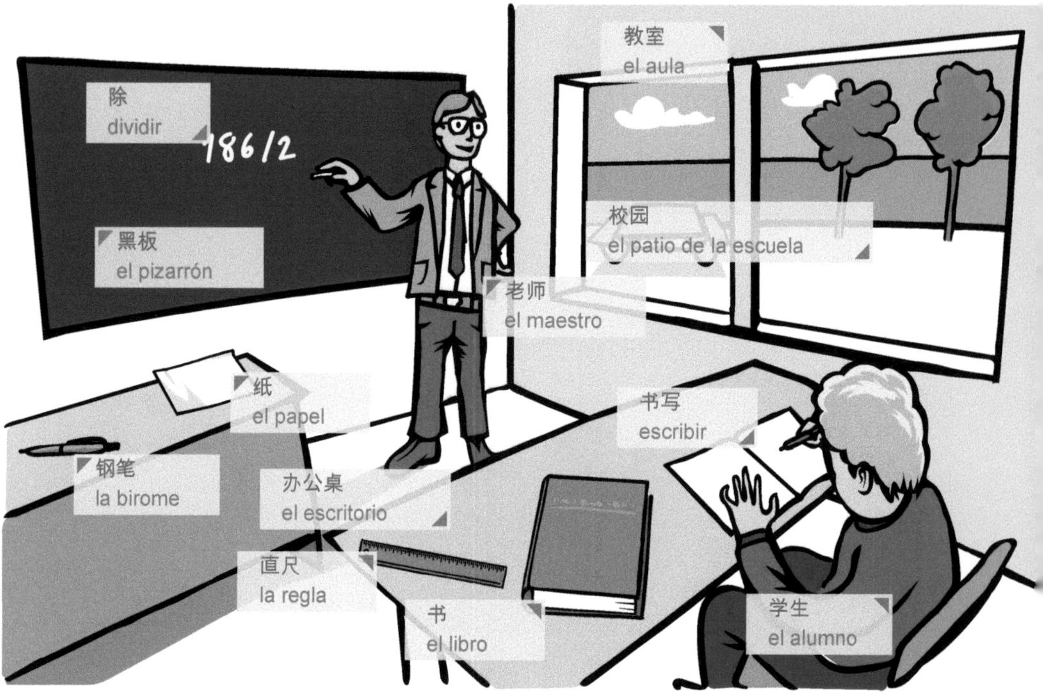

教室
el aula
除
dividir
186/2
黑板
el pizarrón
校园
el patio de la escuela
老师
el maestro
纸
el papel
书写
escribir
钢笔
la birome
办公桌
el escritorio
直尺
la regla
书
el libro
学生
el alumno

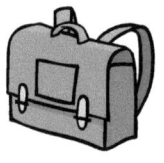

书包

la mochila

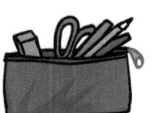

铅笔盒

la caja de lápices

铅笔

el lápiz

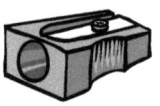

卷笔刀

el sacapuntas

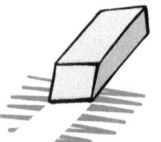

橡皮擦

la goma (de borrar)

画板

el bloc de dibujo

图画

el dibujo

画笔

el pincel

颜料盒

la caja de pinturas

剪刀

la tijera

胶水

el pegamento

练习册

el cuaderno de ejercicios

家庭作业

la tarea

12

数字

el número

2+2

加

sumar

5-2

减

restar

2×2

乘

multiplicar

计算

calcular

A

字母

la letra

ABCDEFG HIJKLMN OPQRSTU VWXYZ

字母表

el abecedario

字

la palabra

课文

el texto

读

leer

粉笔

la tiza

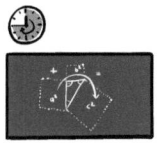

上课

la lección

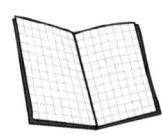

登记

el cuaderno de clase

考试

el examen

证书

el certificado

校服

el uniforme escolar

教育

la educación

百科全书

la enciclopedia

大学

la universidad

显微镜

el microscopio

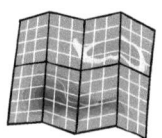

地图

el mapa

废纸筐

el tacho (de basura)

旅行

el viaje

Grand
酒店
el hotel
青年旅社
el hostel
ROOMS
外币兑换处
la casa de cambio
EXCHANGE
手提箱
la valija
汽车
el auto

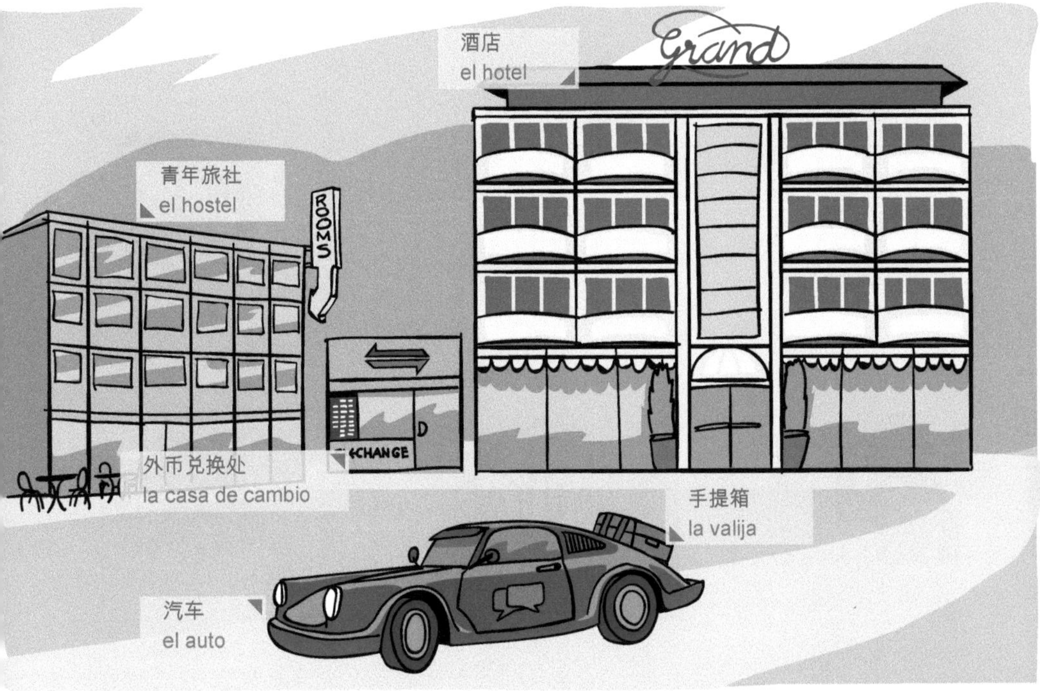

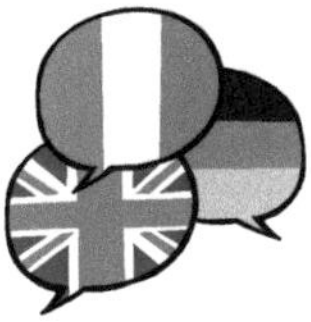

语言

el idioma

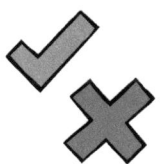

是/否

sí / no

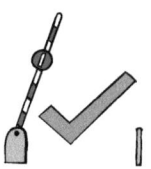

好的

Está bien

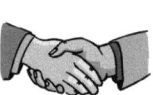

您好

hola

翻译员

el traductor

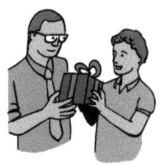

谢谢

Gracias

……多少钱？

¿cuánto cuesta…?

我不明白

No entiendo

问题

el problema

晚上好！

¡Buenas tardes!

早上好！

¡Buenos días!

晚安！

¡Buenas noches!

再见

el adiós

方向

la dirección

行李

el equipaje

包

el bolso

双肩包

la mochila

客人

el invitado

房间

la habitación

睡袋

la bolsa de dormir

帐篷

la carpa

旅游信息

la información turística

海滩

la playa

信用卡

la tarjeta de crédito

早餐

el desayuno

午餐

el almuerzo

晚餐

la cena

票

el pasaje

电梯

el ascensor

邮票

el sello

边界

la frontera

海关

la aduana

大使馆

la embajada

签证

la visa

护照

el pasaporte

交通运输

el transporte

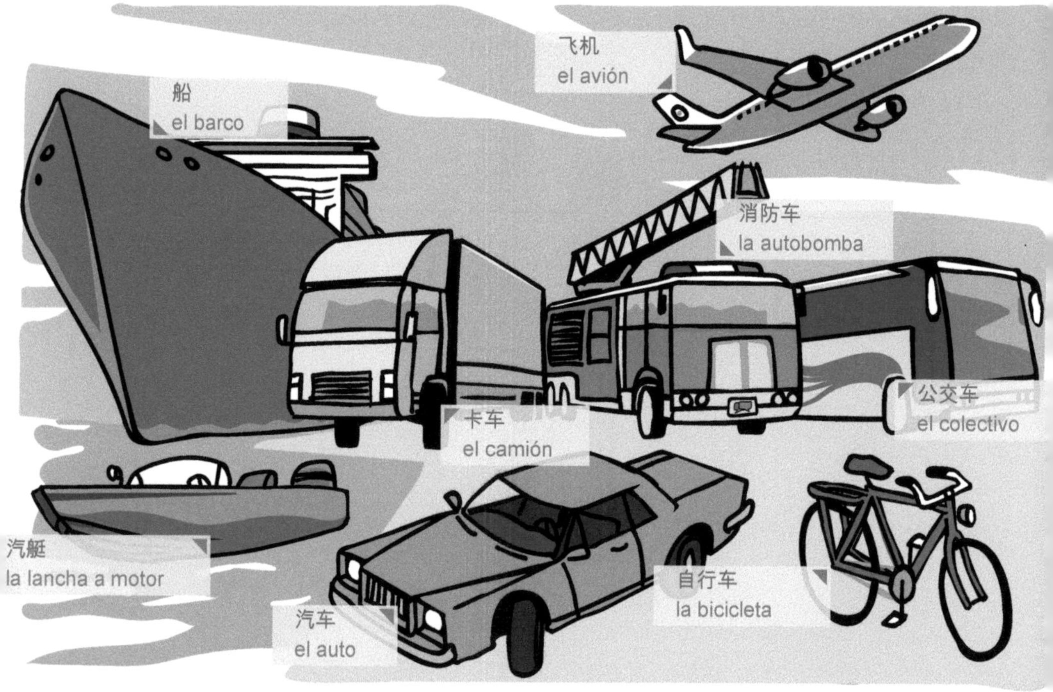

飞机
el avión
船
el barco
消防车
la autobomba
公交车
el colectivo
卡车
el camión
汽艇
la lancha a motor
自行车
la bicicleta
汽车
el auto

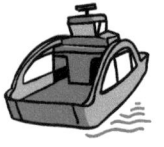

摆渡船

el ferry

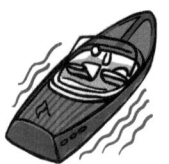

小船

el bote

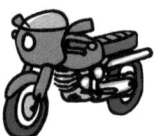

摩托车

la moto

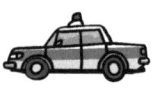

警车

el patrullero

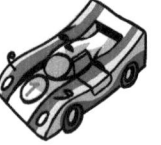

赛车

el auto de carreras

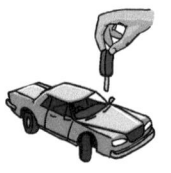

租车

el auto de alquiler

拼车

el alquiler de autos

拖车

la grúa

垃圾车

el camión de la basura

发动机

el motor

汽油

la nafta

加油站

la estación de servicio

交通标志

la señal de tránsito

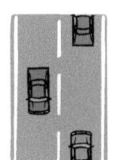

交通

el tránsito

交通堵塞

el embotellamiento

停车场

el estacionamiento

火车站

la estación de tren

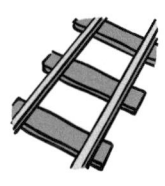

轨道

las vías

火车

el tren

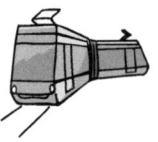

电车

el tranvía

货车

el vagón

交通运输 - el transporte

直升机
el helicóptero

机场
el aeropuerto

塔
la torre

乘客
el pasajero

集装箱
el contenedor

纸板箱
la caja de cartón

手推车
la carretilla

篮子
la canasta

起飞/降落
despegar / aterrizar

城市

la ciudad

村庄
el pueblo

市中心
el centro de la ciudad

房子
la casa

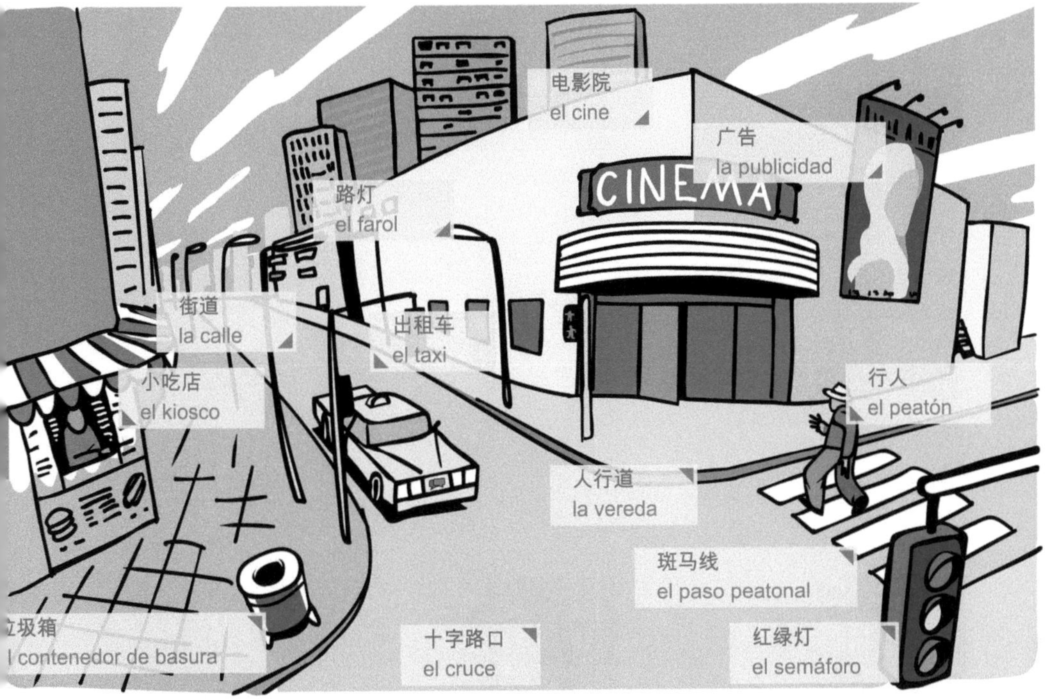

电影院
el cine

广告
la publicidad

路灯
el farol

街道
la calle

出租车
el taxi

小吃店
el kiosco

行人
el peatón

人行道
la vereda

斑马线
el paso peatonal

垃圾箱
l contenedor de basura

十字路口
el cruce

红绿灯
el semáforo

小屋
la cabaña

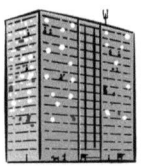

公寓
el departamento

火车站
la estación de tren

市政厅
la municipalidad

博物馆
el museo

学校
el colegio

大学

la universidad

银行

el banco

医院

el hospital

酒店

el hotel

药房

la farmacia

办公室

la oficina

书店

la librería

商店

el negocio

花店

la florería

超市

el supermercado

市场

el mercado

百货商店

las grandes tiendas

鱼店

la pescadería

购物中心

el centro comercial

海港

el puerto

公园

el parque

长凳

el banco

桥

el puente

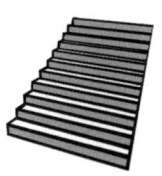

楼梯

las escaleras

地铁

el subte

隧道

el túnel

公交车站

la parada del colectivo

酒吧

el bar

餐馆

el restaurante

邮筒

el buzón

路标

el letrero

停车计时器

el parquímetro

动物园

el zoológico

游泳馆

la pileta

清真寺

la mezquita

农场

la granja

污染

la contaminación

墓地

el cementerio

教堂

la iglesia

操场

los juegos infantiles

寺庙

el templo

地形
el paisaje

树叶
la hoja

指示牌
el poste indicador

路
el camino

草地
la pradera

石头
la piedra

树
el árbol

徒步旅行者
el excursionista

河
el río

草
la hierba

花
la flor

峡谷

el valle

山

la montaña

湖

el lago

森林

el bosque

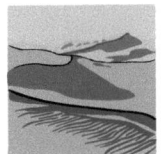

沙漠

el desierto

火山

el volcán

城堡

el castillo

彩虹

el arco iris

蘑菇

el champiñón

棕榈树

la palmera

蚊子

el mosquito

苍蝇

la mosca

蚂蚁

la hormiga

蜜蜂

la abeja

蜘蛛

la araña

甲虫

el escarabajo

青蛙

la rana

松鼠

la ardilla

刺猬

el erizo

野兔

la liebre

猫头鹰

la lechuza

鸟

el pájaro

天鹅

el cisne

野猪

el jabalí

鹿

el ciervo

麋鹿

el alce

水坝

la presa

风力发电机

el aerogenerador

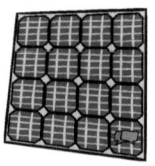

太阳能电池板

el panel solar

气候

el clima

餐馆

el restaurante

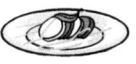

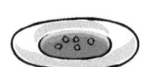

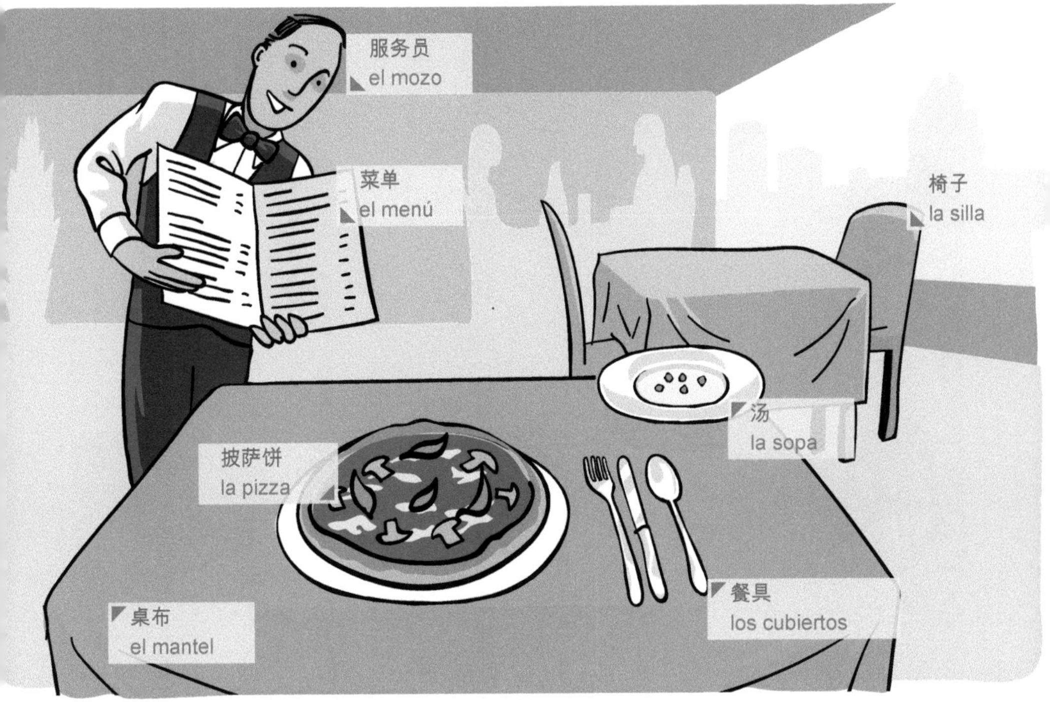

服务员
el mozo
菜单
el menú
椅子
la silla
汤
la sopa
披萨饼
la pizza
餐具
los cubiertos
桌布
el mantel

前菜

la entrada

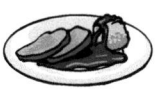

主菜

el plato principal

甜点

el postre

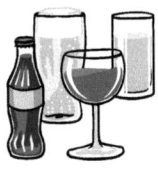

饮料

las bebidas

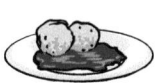

食物

la comida

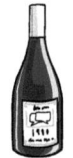

瓶子

la botella

快餐

la comida rápida

街边小吃

la comida callejera

茶壶

la tetera

糖盒

la azucarera

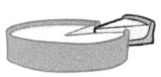

一份饭菜

la porción

意式咖啡机

la cafetera expreso

高脚椅

la sillita alta

账单

la cuenta

托盘

la bandeja

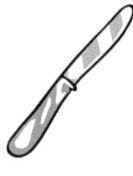

刀

el cuchillo

餐叉

el tenedor

勺子

la cuchara

茶匙

la cucharita

餐巾

la servilleta

玻璃杯

el vaso

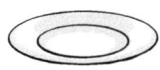

碟子
el plato

汤盘
el plato hondo

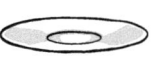

碟子
el plato

酱
la salsa

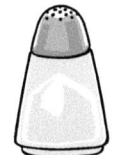

盐瓶
el salero

胡椒磨
el molinillo de pimienta

醋
el vinagre

食用油
el aceite

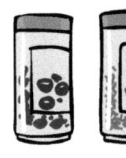

调味料
las especias

番茄酱
el kétchup

芥末
la mostaza

蛋黄酱
la mayonesa

超市
el supermercado

超市 - el supermercado

特价
la oferta especial

顾客
el cliente

乳制品
los lácteos

购物车
el changuito

水果
la fruta

肉铺
la carnicería

面包房
la panadería

称重
pesar

蔬菜
las verduras

肉
la carne

冷冻食品
los alimentos congelados

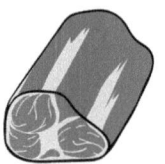

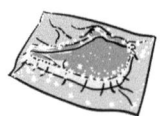

冷盘

los fiambres

罐头食品

los alimentos enlatados

洗衣粉

el detergente en polvo

甜食

las golosinas

日用品

los electrodomésticos

清洁用品

los productos de limpieza

销售员

la vendedora

收银机

la caja

收银员

el cajero

购物清单

la lista de compras

开放时间

el horario de atención

钱包

la billetera

信用卡

la tarjeta de crédito

袋子

la cartera

塑料袋

la bolsa de plástico

水

el agua

果汁

el jugo

牛奶

la leche

可乐

la bebida cola

红酒

el vino

啤酒

la cerveza

酒

el alcohol

可可

el cacao

茶

el té

咖啡

el café

意式浓缩咖啡

el café expreso

卡布奇诺

el cappuccino

香蕉

la banana

苹果

la manzana

橙子

la naranja

西瓜

el melón

柠檬

el limón

胡萝卜

la zanahoria

大蒜

el ajo

竹子

el bambú

洋葱

la cebolla

蘑菇

el champiñón

坚果

las nueces

面条

los fideos

意大利面条

los tallarines

米饭

el arroz

沙拉

la ensalada

薯条

las papas fritas

炸土豆

las papas fritas

披萨饼

la pizza

汉堡包

la hamburguesa

三明治

el sándwich

炸猪排

el churrasco

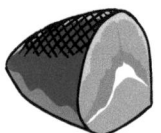

火腿

el jamón

萨拉米

el salame

香肠

la salchicha

鸡肉

el pollo

烤肉

el asado

鱼

el pescado

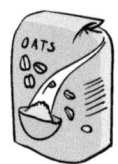

燕麦片

los copos de avena

穆兹利

el muesli

玉米片

los copos de maíz

面粉

la harina

羊角面包

la medialuna

面包卷

el pancito

面包

el pan

烤面包

la tostada

饼干

las galletitas

黄油

la manteca

凝乳

la cuajada

蛋糕

la torta

蛋

el huevo

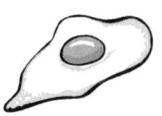

煎蛋

el huevo frito

奶酪

el queso

冰激凌

el helado

糖

el azúcar

蜂蜜

la miel

果酱

la mermelada

巧克力酱

la pasta de chocolate

咖喱饭

el curry

农场
la granja

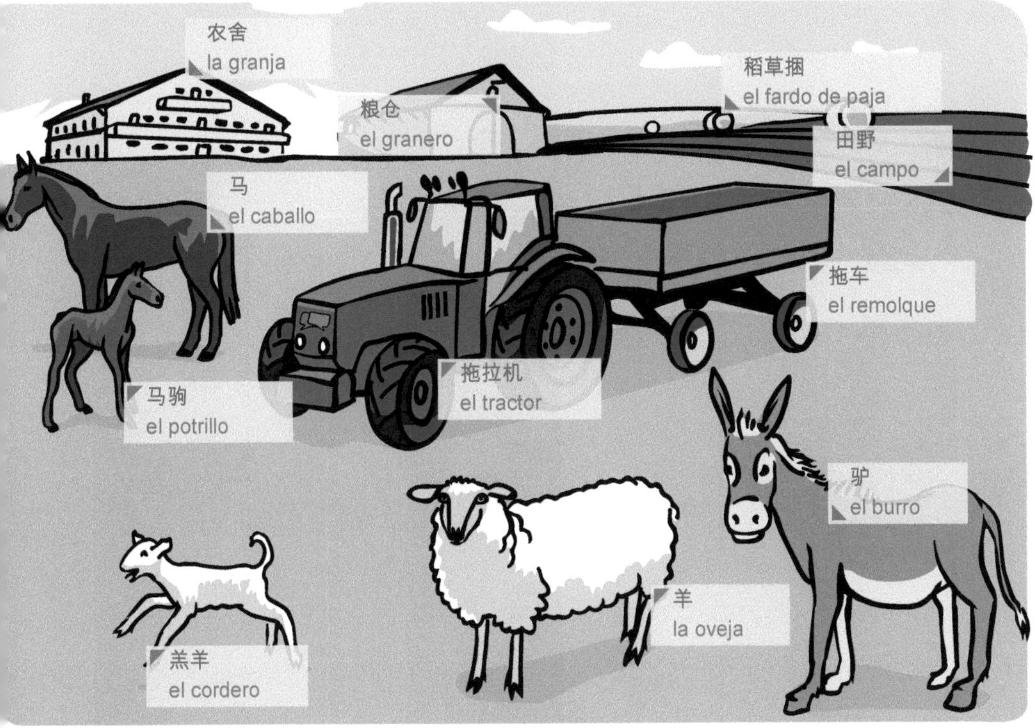
农舍
la granja
粮仓
el granero
稻草捆
el fardo de paja
田野
el campo
马
el caballo
拖车
el remolque
拖拉机
el tractor
马驹
el potrillo
驴
el burro
羊
la oveja
羔羊
el cordero

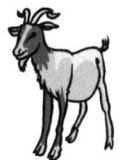

山羊
la cabra

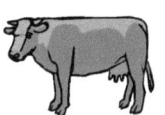

奶牛
la vaca

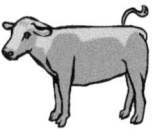

牛犊
el ternero

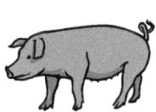

猪
el cerdo

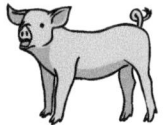

小猪
el lechón

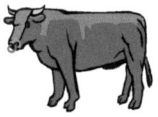

公牛
el toro

鹅

el ganso

鸭

el pato

小鸡

el pollo

母鸡

la gallina

公鸡

el gallo

鼠

la rata

猫

el gato

老鼠

el ratón

牛

el buey

狗

el perro

狗屋

la cucha

花园浇水软管

la manguera

洒水壶

la regadera

长柄大镰刀

la guadaña

犁

el arado

镰刀

la hoz

锄头

la azada

长柄草耙

la horquilla

斧头

el hacha

独轮手推车

la carretilla

饲料槽

el abrevadero

牛奶罐

la lechera

麻布袋

la bolsa

栅栏

la reja

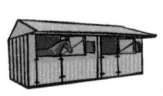

马厩

el establo

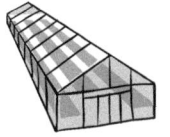

温室

el invernadero

土壤

el suelo

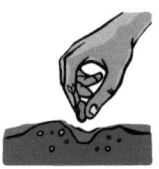

种子

la semilla

肥料

el fertilizador

联合收割机

la cosechadora

收割

cosechar

收割

la cosecha

山药

las batatas

小麦

el trigo

大豆

la soja

土豆

la papa

玉米

el maíz

油菜籽

la semilla de colza

果树

el árbol frutal

树薯

la mandioca

谷物

los cereales

la casa

烟囱
la chimenea

屋顶
el techo

落水管
el caño de desagüe

窗户
la ventana

车库
el garaje

门铃
el timbre

门
la puerta

垃圾桶
el tacho de basura

信箱
el buzón

花园
el jardín

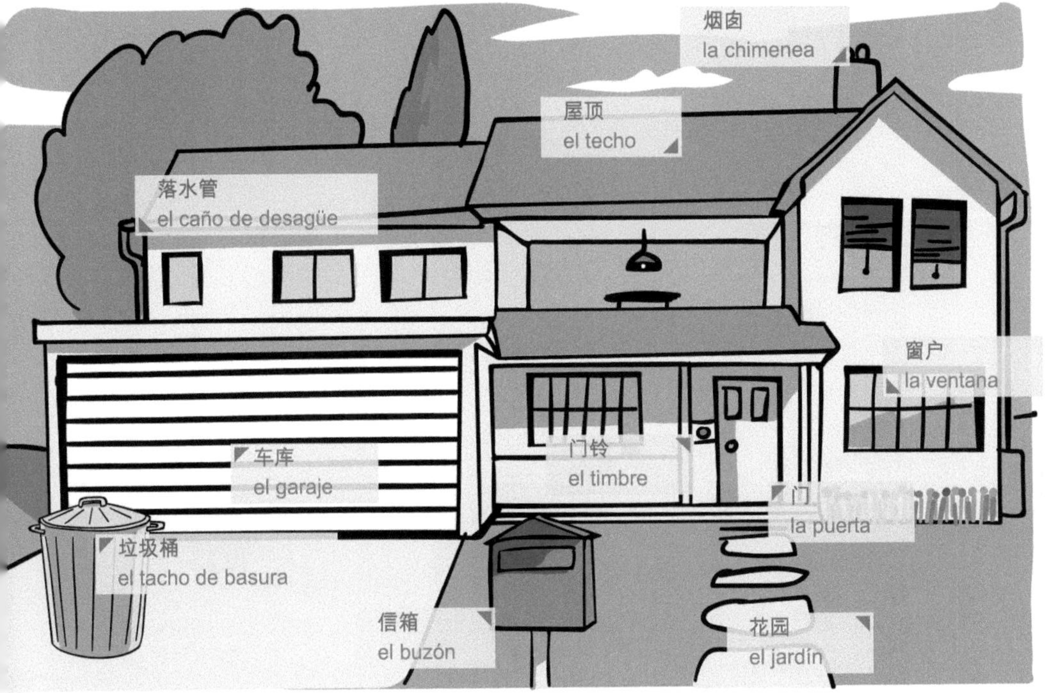

客厅
el living

浴室
el baño

厨房
la cocina

卧室
el dormitorio

儿童房
el cuarto de los chicos

餐厅
el comedor

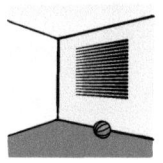

地板

el piso

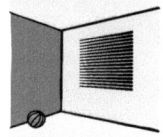

墙壁

la pared

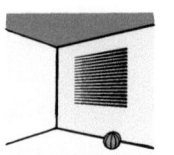

吊顶

el cielorraso

地窖

el sótano

桑拿

el sauna

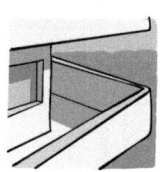

阳台

el balcón

露台

la terraza

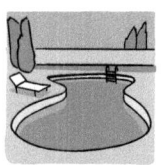

游泳池

la pileta

割草机

la cortadora de pasto

被单

la sábana

床罩

el acolchado

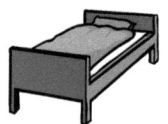

床

la cama

扫帚

la escoba

水桶

el balde

开关

el interruptor

客厅

el living

壁纸
el empapelado
照片
la imagen
台灯
la lámpara
搁架
el estante
橱柜
el armario
电视机
la televisión
壁炉
la chimenea
花
la flor
垫子
el almohadón
沙发
el sofá
花瓶
el florero
遥控器
el control remoto

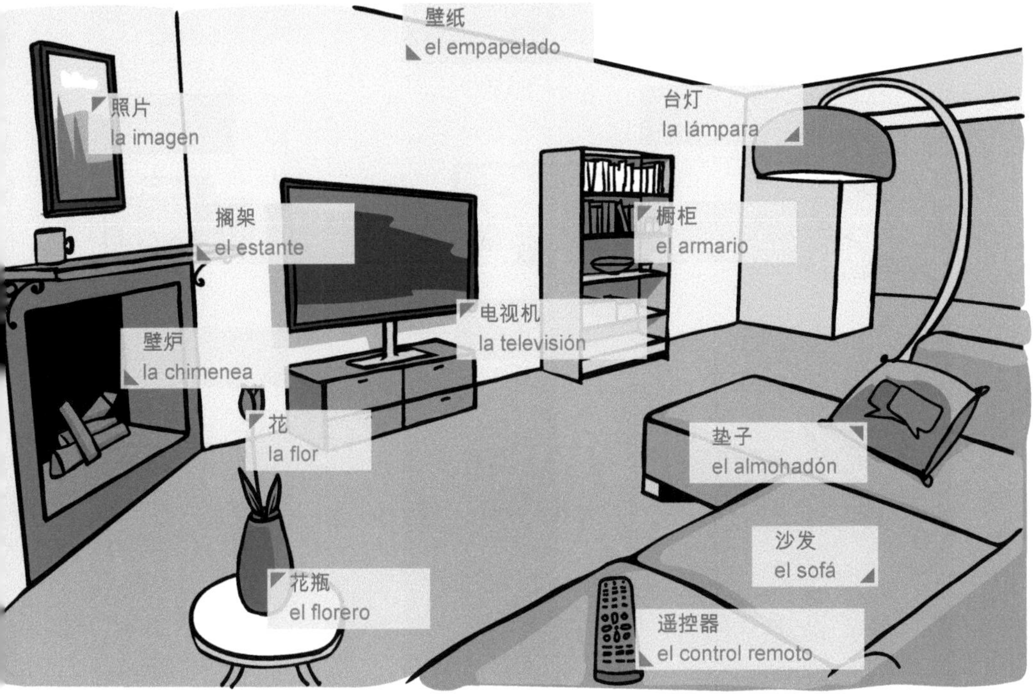

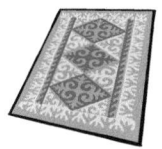

地毯

la alfombra

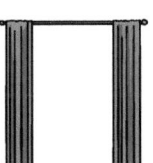

窗帘

la cortina

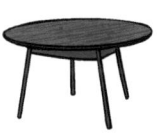

餐桌

la mesa

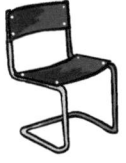

椅子

la silla

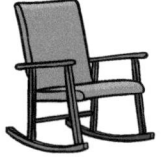

摇椅

la mecedora

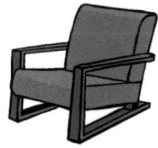

扶手椅

el sillón

书
el libro

毯子
la frazada

装饰品
la decoración

木柴
la leña

电影
la película

高保真音响
el equipo de música

钥匙
la llave

报纸
el diario

油画
la pintura

海报
el póster

收音机
la radio

笔记本
el cuaderno

吸尘器
la aspiradora

仙人掌
el cactus

蜡烛
la vela

厨房

la cocina

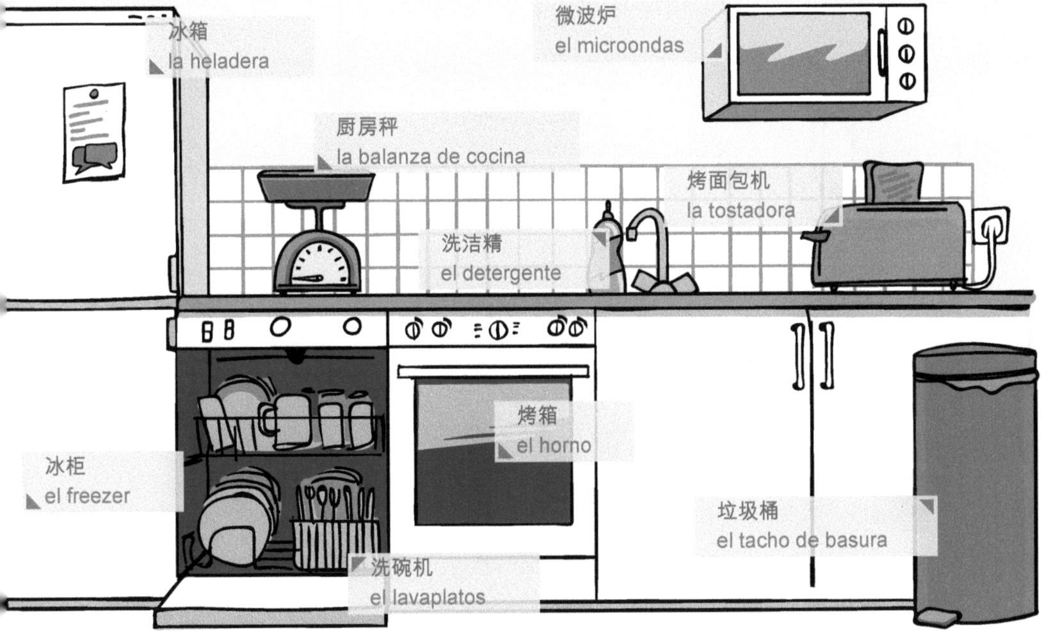
冰箱
la heladera
微波炉
el microondas
厨房秤
la balanza de cocina
烤面包机
la tostadora
洗洁精
el detergente
烤箱
el horno
冰柜
el freezer
垃圾桶
el tacho de basura
洗碗机
el lavaplatos

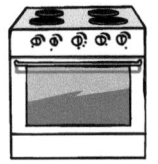

炊具

la cocina

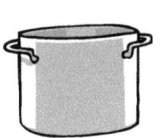

锅

la olla

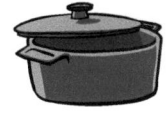

铸铁锅

la olla de hierro fundido

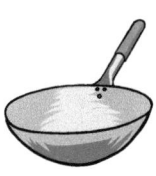

炒锅

el wok

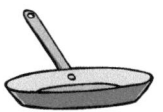

平底锅

la sartén

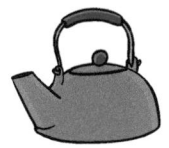

水壶

la pava

蒸锅

la vaporera

烤盘

la bandeja de horno

陶瓷锅

la vajilla

马克杯

la taza

碗

el bol

筷子

los palitos

长柄勺

el cucharón

铲子

la espátula

搅拌器

la batidora

滤网

el colador

筛子

el colador

磨碎机

el rallador

研钵

el mortero

烧烤

la parrilla

明火

la fogata

菜板

la tabla de picar

擀面杖

el palo de amasar

开瓶器

el sacacorchos

罐子

la lata

开罐器

el abrelatas

隔热手套

la manopla

水槽

la pileta

刷子

el cepillo

海绵

la esponja

搅拌机

la batidora

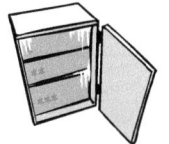

冷藏箱

el congelador

奶瓶

la mamadera

水龙头

la canilla

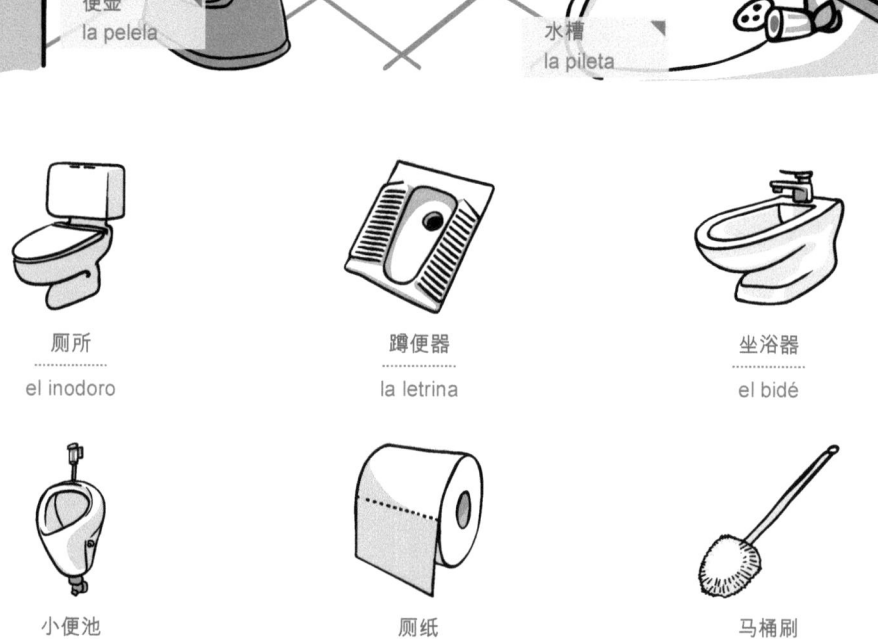

浴室

el baño

淋浴
la ducha
供暖设备
la calefacción
毛巾
la toalla
浴帘
la cortina de la ducha
泡沫浴
el baño de espuma
浴缸
la bañadera
玻璃杯
el vaso
洗衣机
el lavarropas
水龙头
la canilla
瓷砖
las baldosas
便壶
la pelela
水槽
la pileta

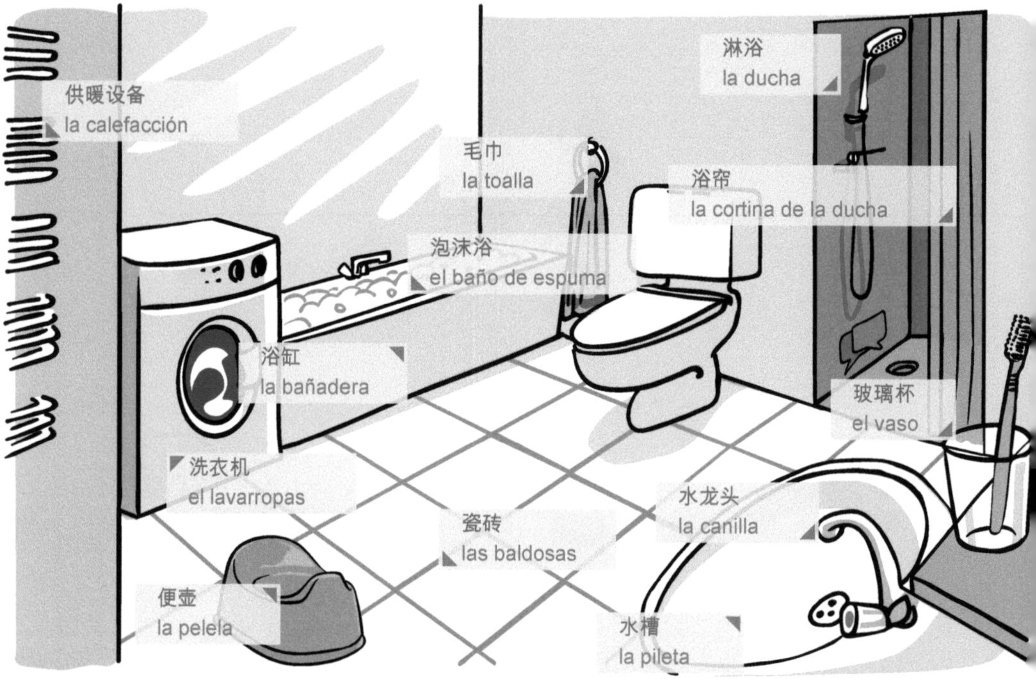

厕所

el inodoro

蹲便器

la letrina

坐浴器

el bidé

小便池

el mingitorio

厕纸

el papel higiénico

马桶刷

el cepillo para el inodoro

牙刷

el cepillo de dientes

牙膏

el dentífrico

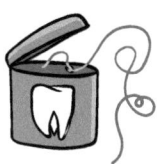

牙线

el hilo dental

洗

lavar

手持式喷淋头

la ducha de mano

冲洗器

la ducha higiénica

洗脸盆

la palangana

擦背刷

el cepillo para la espalda

肥皂

el jabón

沐浴露

el gel de ducha

洗发水

el shampoo

法兰绒

la toallita

排水

el desagüe

乳霜

la crema

除臭剂

el desodorante

镜子

el espejo

手镜

el espejito

剃须刀

la maquinita de afeitar

剃须泡沫

la espuma de afeitar

须后水

el aftershave

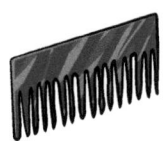

梳子

el peine

刷子

el cepillo

吹风机

el secador de pelo

喷发定型剂

el spray

化妆品

el maquillaje

唇膏

el lápiz de labios

指甲油

el esmalte para uñas

化妆棉

el algodón

指甲剪

la tijera para uñas

香水

el perfume

洗漱包

el portacosméticos

凳子

la banqueta

计重秤

la balanza

浴袍

la bata

橡胶手套

los guantes de goma

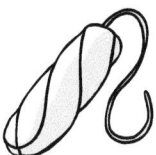

卫生棉条

el tampón

卫生巾

la toallita femenina

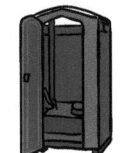

化学厕所

el baño químico

儿童房
el cuarto de los chicos

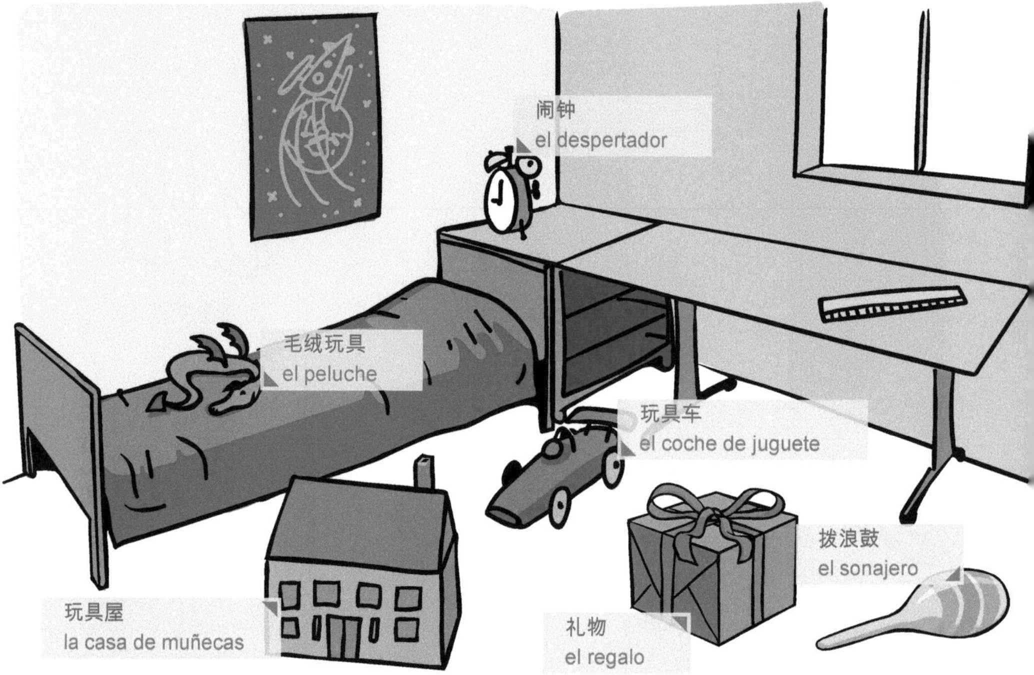

闹钟
el despertador
毛绒玩具
el peluche
玩具车
el coche de juguete
拨浪鼓
el sonajero
玩具屋
la casa de muñecas
礼物
el regalo

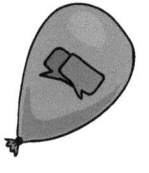

气球

el globo

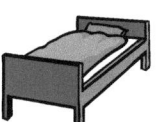

床

la cama

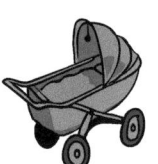

（洋娃娃用）婴儿车

el cochecito

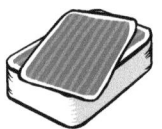

扑克牌

las cartas

拼图

el rompecabezas

SUPER
MEGA

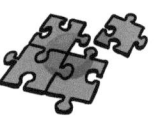

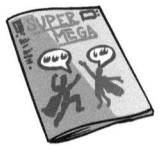

漫画

la historieta

乐高积木

las piezas de lego

积木玩具

los ladrillos de juguete

玩具人

la figura de acción

婴儿服

el enterito (de bebé)

飞盘

el frisbee

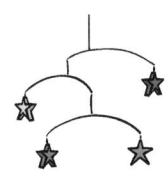

床铃玩具

el móvil para bebés

棋盘游戏

el juego de mesa

骰子

los dados

火车模型

el tren eléctrico

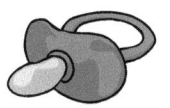

安抚奶嘴

el chupete

聚会

la fiesta

绘本

el libro de cuentos ilustrado

球

la pelota

洋娃娃

la muñeca

玩

jugar

沙坑

el arenero

秋千

la hamaca

玩具

los juguetes

游戏机

la consola de videojuegos

三轮车

el triciclo

泰迪熊

el osito de peluche

衣柜

el armario

衣服

la ropa

袜子

las medias

长袜

las medias panty

紧身裤

las calzas

围巾
la bufanda

雨伞
el paraguas

T恤
la remera

皮带
el cinturón

运动鞋
las zapatillas

靴子
las botas

拖鞋
las pantuflas

凉鞋
las sandalias

鞋
los zapatos

雨靴
las botas de goma

内裤
la ropa interior

胸罩
el corpiño

背心
el chaleco

衣服 - la ropa

身体
el body

裤子
los pantalones

牛仔裤
los jeans

短裙
la pollera

女式衬衫
la blusa

衬衫
la camisa

套头衫
el pulóver

卫衣
el buzo

西装夹克
el blazer

夹克
la campera

外套
el tapado

雨衣
el piloto

套装
el traje

连衣裙
el vestido

婚纱
el vestido de novia

西装

el traje

睡袍

el camisón

睡衣

el pijama

莎丽

el sari

头巾

el pañuelo para la cabeza

包头巾

el turbante

波卡

la burka

卡夫坦

el caftán

(阿拉伯式)长袍

la abaya

泳衣

el traje de baño

男式泳裤

el short de baño

短裤

los shorts

运动服

el jogging

围裙

el delantal

手套

los guantes

纽扣
el botón

眼镜
los anteojos

手链
la pulsera

项链
el collar

戒指
el anillo

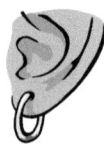

耳环
el aro

便帽
la gorra

衣架
la percha

帽子
el sombrero

领带
la corbata

拉链
el cierre

头盔
el casco

背带
los tiradores

校服
el uniforme escolar

制服
el uniforme

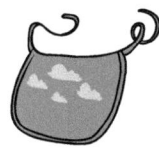

围兜

el babero

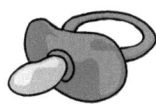

安抚奶嘴

el chupete

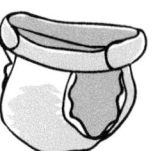

尿不湿

el pañal

办公室

la oficina

服务器
el servidor
文件柜
el archivero
纸
el papel
打印机
la impresora
显示屏
el monitor
鼠标
el mouse
办公桌
el escritorio
文件夹
la carpeta
键盘
el teclado
椅子
la silla
废纸篓
el tacho (de basura)
电脑
la computadora

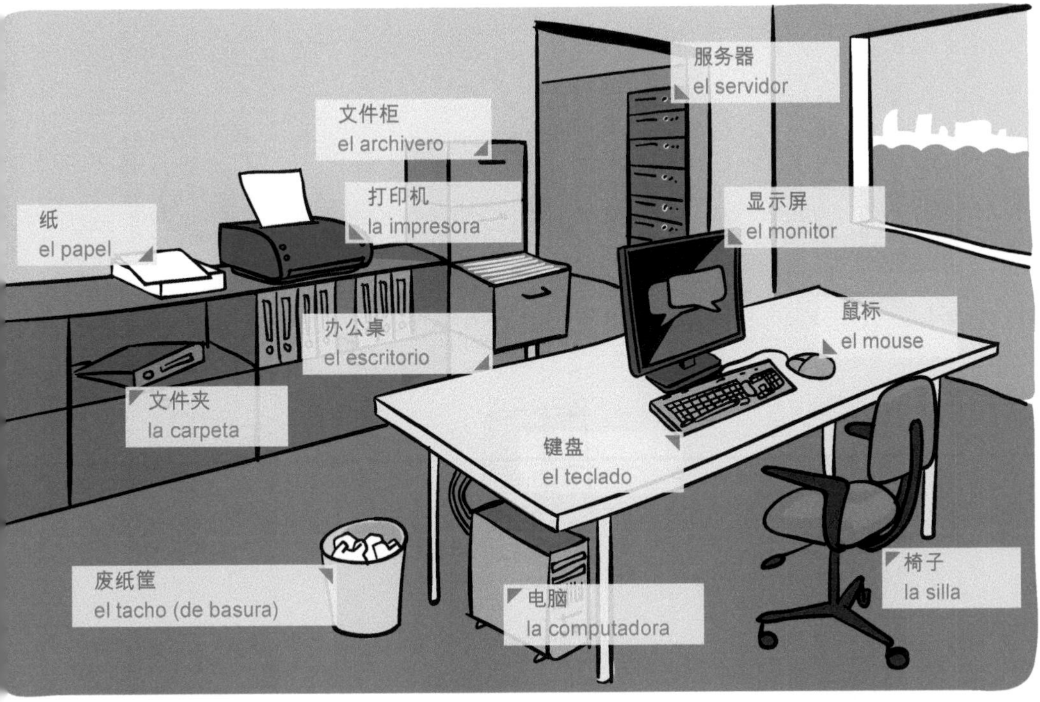

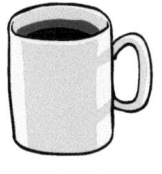

咖啡杯

la taza de café

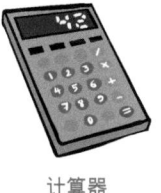

计算器

la calculadora

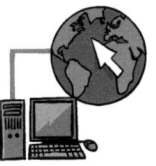

因特网

el internet

笔记本电脑
la laptop

信件
la carta

消息
el mensaje

手机
el celular

网络
la red

复印机
la fotocopiadora

软件
el software

电话
el teléfono

插座
el tomacorriente

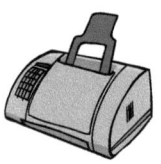

传真机
el fax

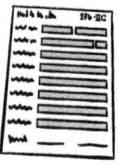

表格
el formulario

文件
el documento

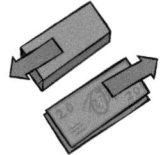

买

comprar

付钱

pagar

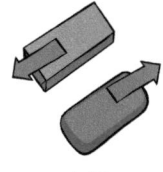

交易

hacer negocios

现金

el dinero

美元

el dólar

欧元

el euro

日元

el yen

卢布

el rublo

瑞士法郎

el franco suizo

人民币

el yuan

卢比

la rupia

提款处

el cajero automático

外币兑换处

la casa de cambio

金

el oro

银

la plata

石油

el petróleo

能源

la energía

价格

el precio

合同

el contrato

税金

el impuesto

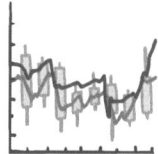

股票

la acción

工作

trabajar

职员

el empleado

老板

el empleador

工厂

la fábrica

商店

el negocio

las ocupaciones

警官
el policía

消防员
el bombero

厨师
el cocinero

医生
el médico

飞行员
el piloto

园丁
el jardinero

木匠
el carpintero

裁缝
la modista

法官
el juez

化学家
el farmacéutico

演员
el actor

公交车司机

el colectivero

出租车司机

el taxista

渔夫

el pescador

清洁女工

la mucama

屋顶工

el techista

服务员

el mozo

猎人

el cazador

画家

el pintor

面包师

el panadero

电工

el electricista

建筑工人

el albañil

工程师

el ingeniero

屠夫

el carnicero

水管工

el plomero

邮递员

el cartero

士兵

el soldado

建筑师

el arquitecto

收银员

el cajero

花农

el florista

理发师

el peluquero

售票员

el cobrador

机械师

el mecánico

船长

el capitán

牙医

el dentista

科学家

el científico

拉比

el rabino

伊玛目

el imán

和尚

el monje

牧师

el sacerdote

las herramientas

铁锤
el martillo

钳子
la tenaza

螺丝刀
el destornillador

扳手
la llave

手电筒
la linterna

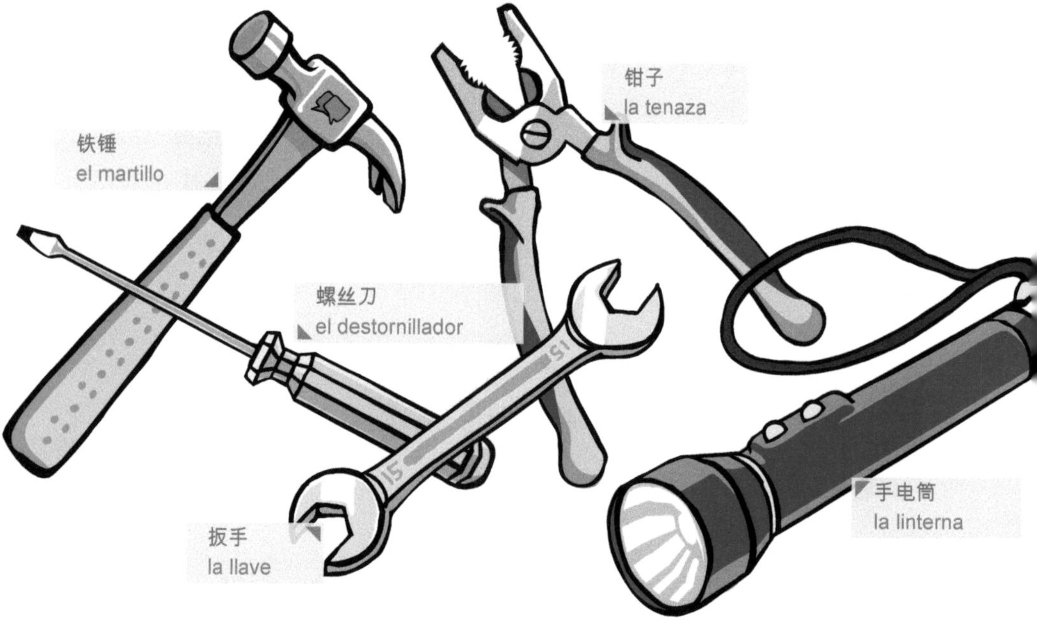

挖掘机

la excavadora

工具箱

la caja de herramientas

梯子

la escalera portátil

锯子

la sierra

钉子

los clavos

钻机

el taladro

修
arreglar

铲子
la pala de jardín

靠！
¡Qué bronca!

簸箕
la pala de plástico

油漆桶
el tacho de pintura

螺丝
los tornillos

乐器
los instrumentos musicales

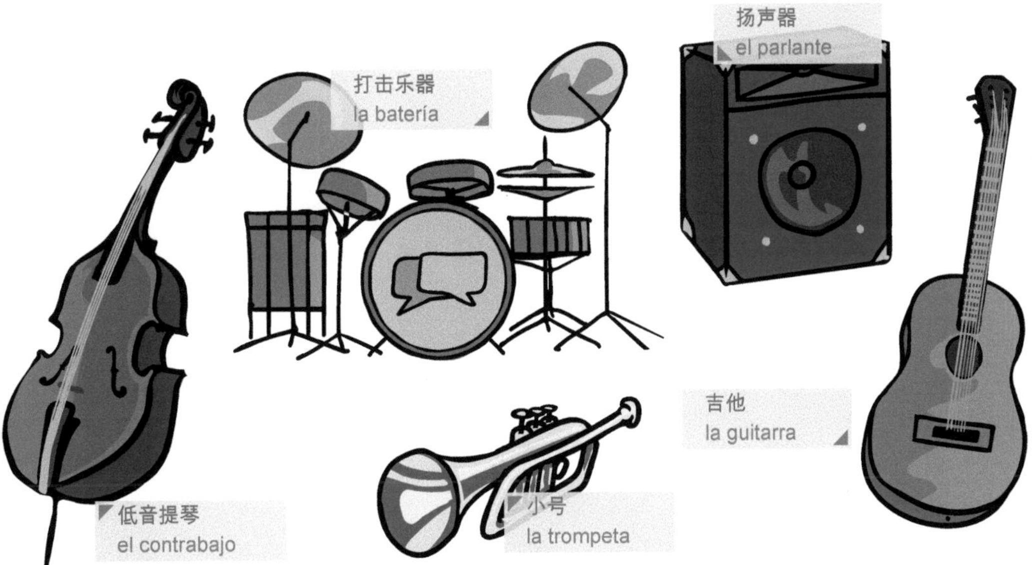

打击乐器
la batería

扬声器
el parlante

吉他
la guitarra

低音提琴
el contrabajo

小号
la trompeta

钢琴

el piano

小提琴

el violín

贝斯

el bajo

定音鼓

los timbales

鼓

el tambor

电子琴

el teclado

萨克斯管

el saxofón

长笛

la flauta

麦克风

el micrófono

动物园

el zoológico

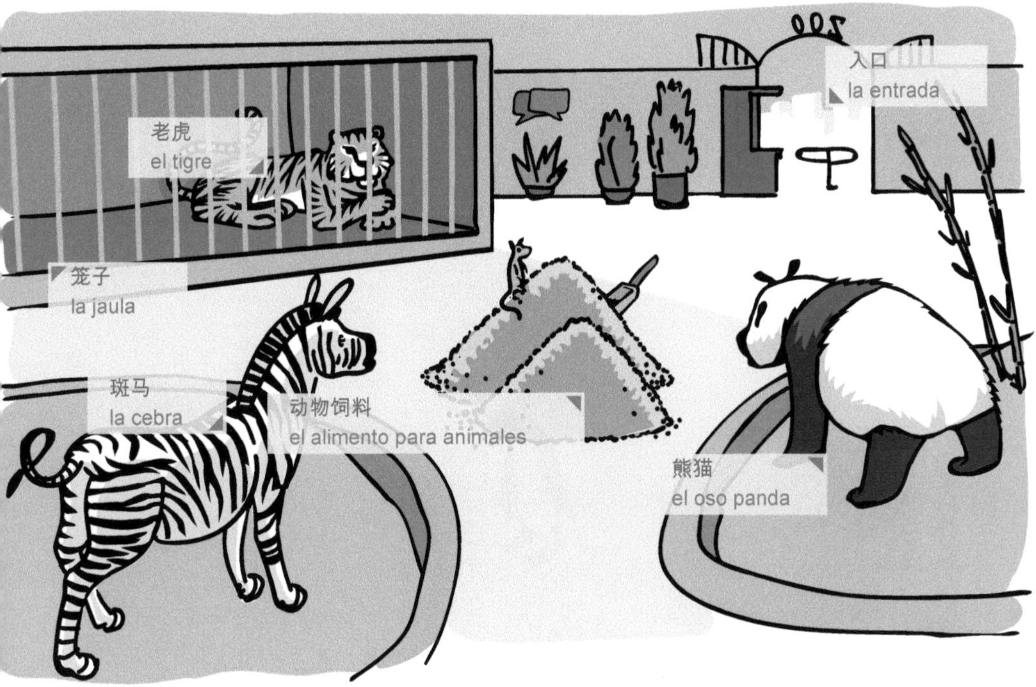
入口
la entrada
老虎
el tigre
笼子
la jaula
斑马
la cebra
动物饲料
el alimento para animales
熊猫
el oso panda

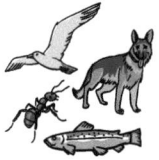

动物

los animales

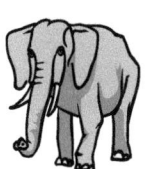

大象

el elefante

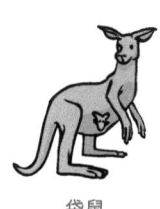

袋鼠

el canguro

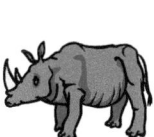

犀牛

el rinoceronte

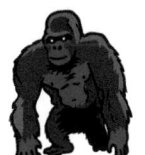

大猩猩

el gorila

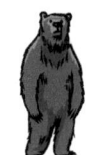

熊

el oso

骆驼

el camello

鸵鸟

el avestruz

狮子

el león

猴子

el mono

火烈鸟

el flamenco

鹦鹉

el loro

北极熊

el oso polar

企鹅

el pingüino

鲨鱼

el tiburón

孔雀

el pavo real

蛇

la serpiente

鳄鱼

el cocodrilo

动物园管理员

el cuidador del zoológico

海豹

la foca

美洲豹

el jaguar

矮种马

el poni

豹

el leopardo

河马

el hipopótamo

长颈鹿

la jirafa

老鹰

el águila

野猪

el jabalí

鱼

el pescado

龟

la tortuga

海象

la morsa

狐狸

el zorro

羚羊

la gacela

动物园 - el zoológico

橙榄球
el fútbol americano

骑自行车
el ciclismo

网球
el tenis

篮球
el básquet

游泳
la natación

拳击
el boxeo

冰球
el hockey sobre hielo

英式足球
el fútbol

羽毛球
el bádminton

田径
el atletismo

手球
el handball

滑雪
el esquí

马球
el polo

跳
saltar

拥抱
abrazar

笑
reír

走路
caminar

唱
cantar

祈祷
rezar

亲吻
besar

做梦
soñar

书写
escribir

画
dibujar

展示
mostrar

推
presionar

给
dar

拿
tomar

有
tener

做
hacer

当
ser

站
estar parado

跑
correr

拉
tirar

扔
tirar

摔倒
caer

躺
estar acostado

等待
esperar

携带
llevar

坐
estar sentado

穿衣
vestirse

睡觉
dormir

醒来
despertar

看
mirar

哭
llorar

抚摸
acariciar

梳头
peinar

交谈
hablar

明白
entender

问
preguntar

听
escuchar

喝
beber

吃
comer

清理
ordenar

爱
amar

做饭
cocinar

开车
manejar

飞
volar

航行

navegar

计算

calcular

读

leer

学习

aprender

工作

trabajar

结婚

casarse

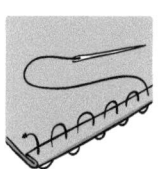

缝

coser

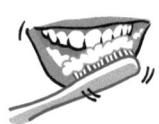

刷牙

cepillarse los dientes

杀

matar

抽烟

fumar

寄

enviar

la familia

祖母
la abuela

祖父
el abuelo

父亲
el padre

母亲
la madre

婴童
el bebé

女儿
la hija

儿子
el hijo

客人
el invitado

阿姨
la tía

叔叔
el tío

兄弟
el hermano

姐妹
la hermana

el cuerpo

前额
la frente

眼睛
el ojo

脸
la cara

下巴
la pera

乳房
el pecho

肩膀
el hombro

手指
el dedo

手
la mano

腿
la pierna

手臂
el brazo

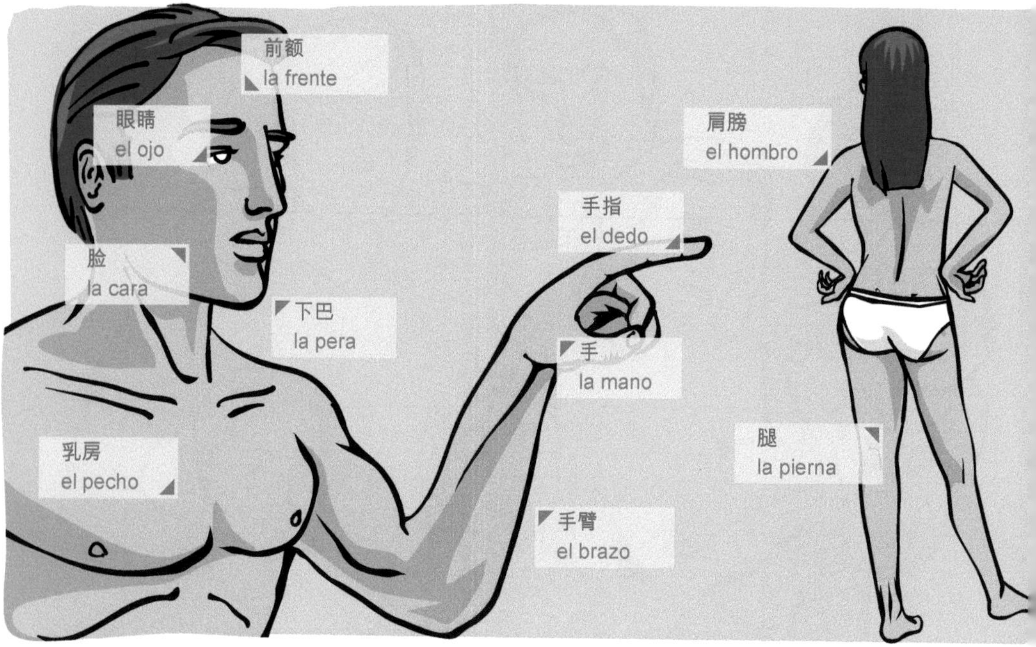

婴童

el bebé

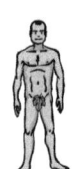

男人

el hombre

女人

la mujer

女孩

la nena

男孩

el nene

头

la cabeza

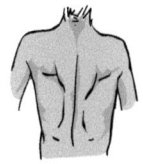

背部

la espalda

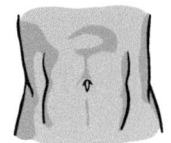

肚子

la panza

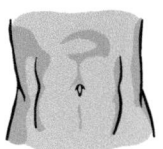

肚脐

el ombligo

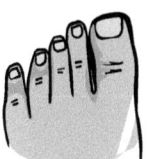

脚趾

el dedo del pie

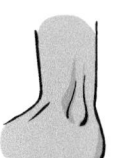

脚后跟

el talón

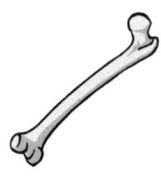

骨头

el hueso

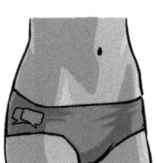

臀部

la cadera

膝盖

la rodilla

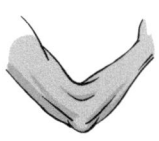

手肘

el codo

鼻子

la nariz

屁股

la cola

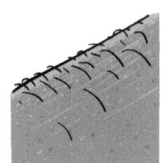

皮肤

la piel

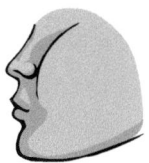

脸颊

el cachete

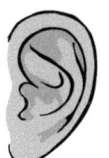

耳朵

la oreja

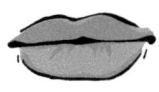

嘴唇

el labio

嘴

la boca

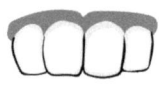

牙齿

el diente

舌头

la lengua

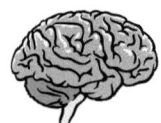

脑

el cerebro

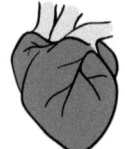

心脏

el corazón

肌肉

el músculo

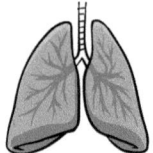

肺

el pulmón

肝脏

el hígado

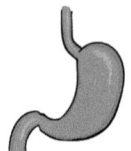

胃

el estómago

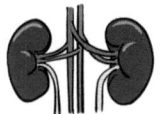

肾脏

los riñones

性交

el sexo

避孕套

el preservativo

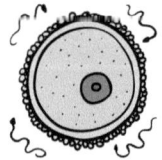

卵子

el óvulo

精子

el semen

怀孕

el embarazo

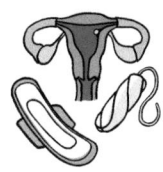

月经

la menstruación

阴道

la vagina

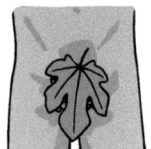

阴茎

el pene

眉毛

la ceja

头发

el pelo

脖子

el cuello

医院

el hospital

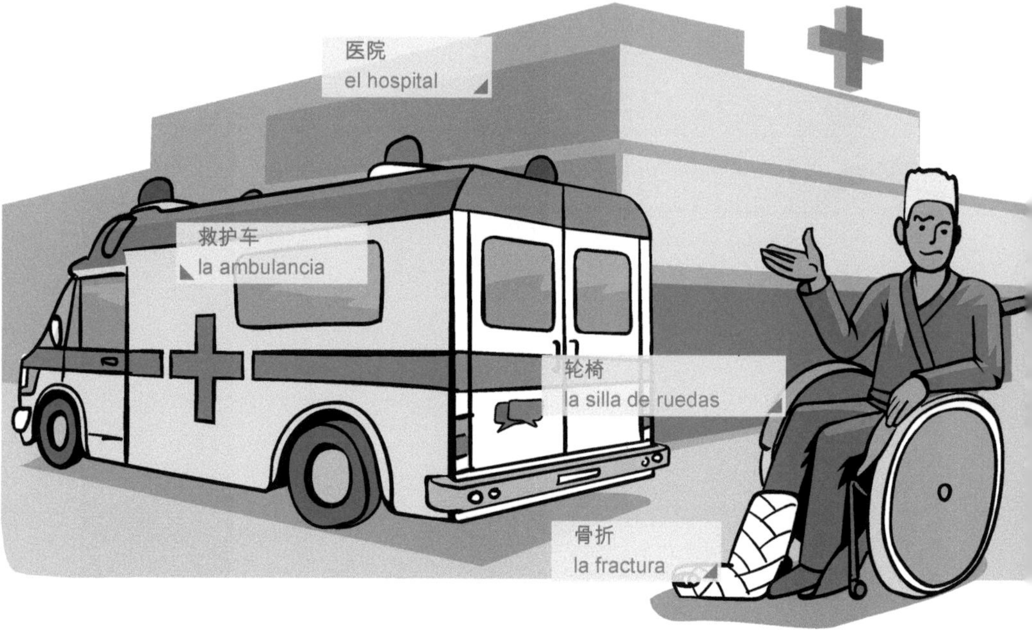

医院
el hospital
救护车
la ambulancia
轮椅
la silla de ruedas
骨折
la fractura

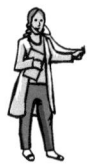

医生

el médico

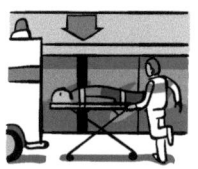

急诊室

la sala de guardia

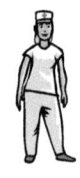

护士

la enfermera

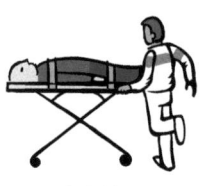

紧急情况

la emergencia

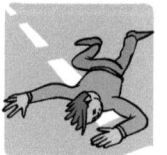

昏迷

inconsciente

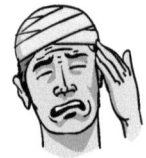

痛

el dolor

受伤

la lesión

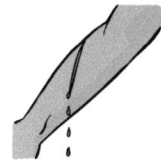

出血

la hemorragia

心脏病发作

el infarto

中风

el ACV

过敏

la alergia

咳嗽

la tos

发烧

la fiebre

流感

la gripe

腹泻

la diarrea

头痛

el dolor de cabeza

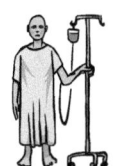

癌症

el cáncer

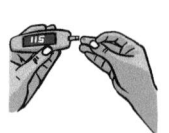

糖尿病

la diabetes

外科医生

el cirujano

手术刀

el bisturí

手术

la operación

CT
la TC

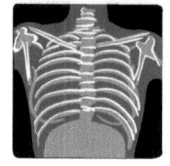

X光
los rayos x

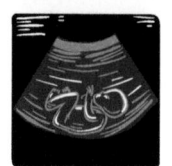

超声波
la ecografía

口罩
el barbijo

疾病
la enfermedad

候诊室
la sala de espera

拐杖
la muleta

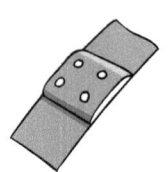

石膏
la curita

绷带
la venda

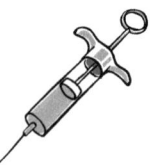

注射
la inyección

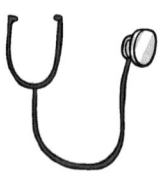

听诊器
el estetoscopio

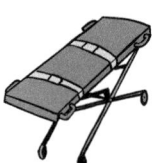

担架
la camilla

体温计
el termómetro

出生
el nacimiento

超重
el sobrepeso

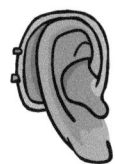

助听器

el audífono

消毒液

el desinfectante

感染

la infección

病毒

el virus

艾滋病

el VIH / SIDA

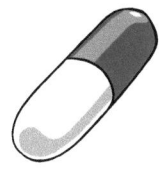

药物

el remedio

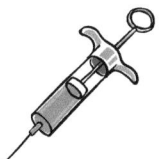

接种疫苗

la vacunación

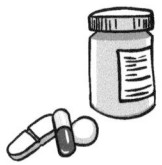

药片

los comprimidos

药丸

la pastilla anticonceptiva

急救电话

la llamada de emergencia

血压计

el tensiómetro

生病/健康

enfermo / sano

救命！

¡Ayuda!

警报

la alarma

突击

la agresión

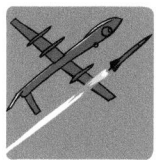

攻击

el ataque

危险

el peligro

紧急出口

la salida de emergencia

着火啦！

¡Fuego!

灭火器

el matafuego

意外

el accidente

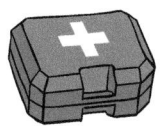

急救箱

el botiquín de primeros auxilios

呼救信号

el SOS

警察

la policía

la Tierra

欧洲
Europa

北美洲
América del Norte

南美洲
América del Sur

非洲
África

亚洲
Asia

澳洲
Australia

大西洋
el Atlántico

太平洋
el Pacífico

印度洋
el Océano Índico

南冰洋
el Océano Antártico

北冰洋
el Océano Ártico

北极
el polo norte

南极

el polo sur

南极洲

la Antártida

地球

la Tierra

陆地

la tierra

海

el mar

岛

la isla

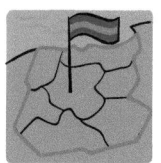

国家

la nación

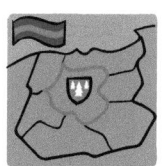

国家

el estado

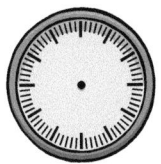

钟面

la esfera

时针

la manecilla de las horas

分针

el minutero

秒针

el segundero

现在几点？

¿Qué hora es?

天

el día

时间

la hora

现在

ahora

电子表

el reloj digital

分

el minuto

时

la hora

周一 lunes
MO

周三 miércoles
W

周五 viernes
FR

TU

周二 martes

TH

周六 sábado

SA

SO

周四 jueves

周日 domingo

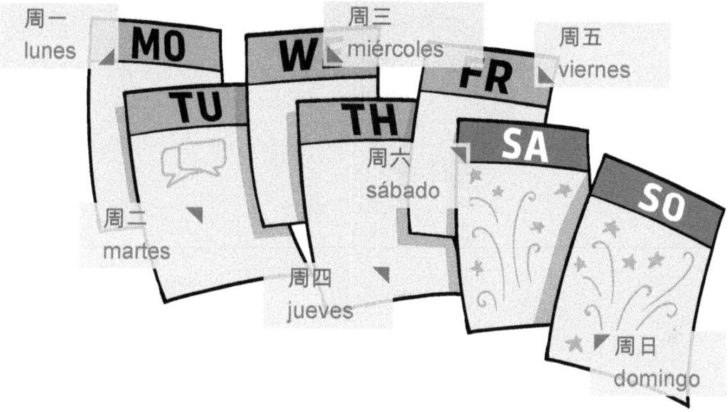

昨天
ayer

今天
hoy

明天
mañana

早晨
la mañana

中午
el mediodía

晚上
la tarde

MO	TU	WE	TH	FR	SA	SU
1	2	3	4	5	6	7
8	9	10	11	12	13	14
15	16	17	18	19	20	21
22	23	24	25	26	27	28
29	30	31	1	2	3	4

工作日
los días hábiles

MO	TU	WE	TH	FR	SA	SU
1	2	3	4	5	6	7
8	9	10	11	12	13	14
15	16	17	18	19	20	21
22	23	24	25	26	27	28
29	30	31	1	2	3	4

周末
el fin de semana

年

el año

雨
la lluvia
彩虹
el arco iris
雪
la nieve
风
el viento
春
la primavera
秋
el otoño
夏
el verano
冬
el invierno

4.APRIL 11°
5.APRIL 4°
6.APRIL 13°
7.APRIL 8°
8.APRIL 10°

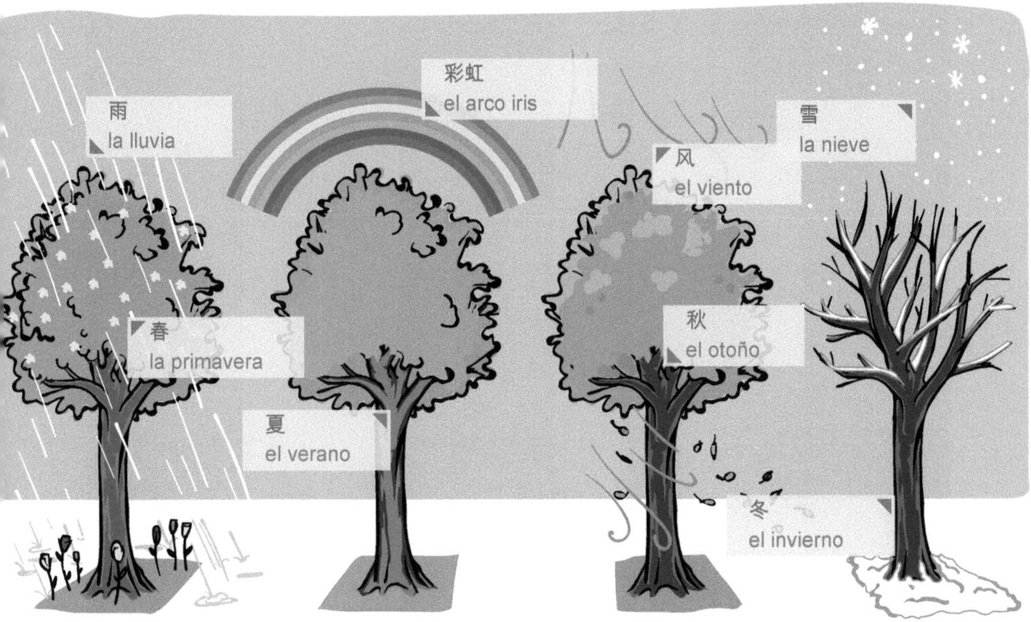

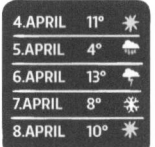

天气预报

el pronóstico meteorológico

F C
120 40
90 30
60 20
30 10
0 0
-30 -10
-20

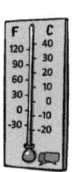

温度计

el termómetro

阳光

la luz del sol

云

la nube

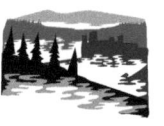

雾

la niebla

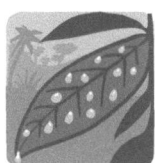

潮湿

la humedad

闪电

el rayo

打雷

el trueno

风暴

la tormenta

冰雹

el granizo

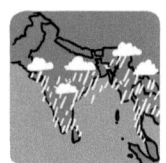

季风

el monzón

洪水

la inundación

冰

el hielo

一月

enero

二月

febrero

三月

marzo

四月

abril

五月

mayo

六月

junio

七月

julio

八月

agosto

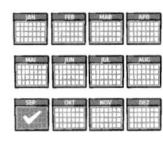

九月

septiembre

十月

octubre

十一月

noviembre

十二月

diciembre

形状

las formas

圆形

el círculo

正方形

el cuadrado

长方形

el rectángulo

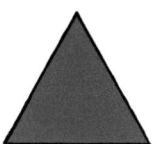

三角形

el triángulo

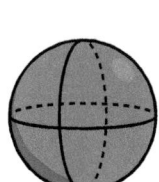

球体

la esfera

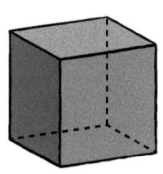

立方体

el cubo

白

blanco

黄

amarillo

橙

naranja

粉

rosa

红

rojo

紫

violeta

蓝

azul

绿

verde

棕

marrón

灰

gris

黑

negro

很多/少许

mucho / poco

生气/平静

enojado / tranquilo

美/丑

lindo / feo

首/尾

el principio / el fin

大/小

grande / chico

明/暗

claro / oscuro

兄弟/姐妹

el hermano / la hermana

干净/肮脏

limpio / sucio

完整/缺失

completo / incompleto

白天/晚上

el día / la noche

死/生

muerto / vivo

宽/窄

ancho / angosto

可食用/非食用

comestible / no comestible

邪恶/善良

malo / amable

兴奋/无聊

entusiasmado / aburrido

胖/瘦

gordo / flaco

第一/最后

primero / último

朋友/敌人

el amigo / el enemigo

满/空

lleno / vacío

硬/软

duro / blando

重/轻

pesado / liviano

饿/渴

el hambre / la sed

生病/健康

enfermo / sano

非法/合法

ilegal / legal

聪明/愚笨

inteligente / estúpido

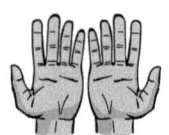

左/右

izquierda / derecha

近/远

cerca / lejos

新/旧

nuevo / usado

没有/有些

nada / algo

老/幼

viejo / joven

开/关

encendido / apagado

打开/合上

abierto / cerrado

安静/吵闹

silencioso / ruidoso

富/穷

rico / pobre

对/错

correcto / incorrecto

粗糙/光滑

áspero / suave

伤心/高兴

triste / contento

短/长

corto / largo

慢/快

lento / rápido

湿/干

mojado / seco

温暖/凉爽

caliente / frío

战争/和平

guerra / paz

0	**1**	**2**
零	一	二
cero	uno	dos

3	**4**	**5**
三	四	五
tres	cuatro	cinco

6	**7**	**8**
六	七	八
seis	siete	ocho

9	**10**	**11**
九	十	十一
nueve	diez	once

12
十二
doce

13
十三
trece

14
十四
catorce

15
十五
quince

16
十六
dieciséis

17
十七
diecisiete

18
十八
dieciocho

19
十九
diecinueve

20
二十
veinte

100
百
cien

1.000
千
mil

1.000.000
百万
el millón

英语
el inglés

美式英语
el inglés americano

普通话
el chino mandarín

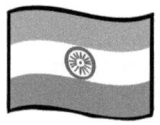

印地语
el hindi

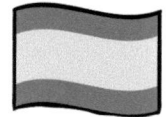

西班牙语
el español

法语
el francés

阿拉伯语
el árabe

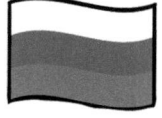

俄语
el ruso

葡萄牙语
el portugués

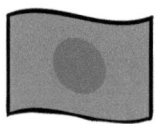

孟加拉语
el bengalí

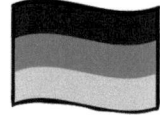

德语
el alemán

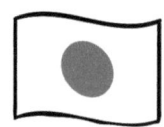

日语
el japonés

我

yo

你

vos

他/她/它

él / ella

我们

nosotros

你们

ustedes

他们

ellos

谁？

¿quién?

什么？

¿qué?

怎样？

¿cómo?

哪里？

¿dónde?

什么时候？

¿cuándo?

名字

el nombre

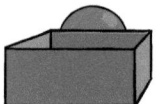

后面

detrás

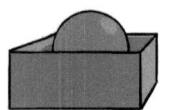

里面

en

前面

adelante de

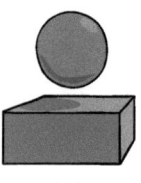

上方

por encima de

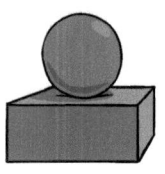

上面

sobre

下面

debajo de

旁边

al lado de

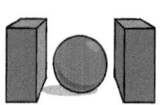

中间

entre

地点

el lugar